LETTRE

A M. LAINÉ,

MINISTRE DE L'INTÉRIEUR.

IMP^e. DE MADAME JÉUNEHOMME-CRÉMIÈRE,
RUE HAUTEFEUILLE, n° 20.

LETTRE

A M. LAINÉ,

MINISTRE DE L'INTÉRIEUR.

« Les hommes sont comme les statues ;
« il faut les voir en place. »

LA ROCHEFOUCAULD.

PARIS,

L'Huillier, Libraire-Éditeur, rue Serpente, n° 16 ;

Delaunay, au Palais-Royal,

Mongie, Libraire , boulevard Poissonnière, n° 18.

1818.

LETTRE

A M. LAINÉ,

MINISTRE DE L'INTÉRIEUR.

Monsieur le Comte,

Vous avez montré, dans une affaire qui me concernait, tant de profondeur, de justice et d'humanité, que je ne puis résister au vif désir de vous en témoigner mon admiration, ma joie et ma reconnaissance.

Il s'agit des hommes condamnés au bannissement, détenus au fort de Pierre-Châtel, et pour lesquels j'avais osé présenter une pétition à la chambre des députés.

Sans doute il est permis à tout Français de se plaindre lorsqu'on le fait souffrir injustement. Le droit de pétition est consacré, et nous savons tous quel rempart nous trouvons dans la commission des pétitions de la chambre des députés contre l'arbitraire.

Cependant je me repens beaucoup, Monsieur le Comte, d'avoir méconnu l'autorité ministérielle jusqu'à forcer votre excellence de monter à la tribune des représentans, ou du moins des députés, pour y donner des explications. En vérité, je ne m'en consolerais jamais si ce n'eût été pour vous une occasion nouvelle de dire les plus belles choses du monde. On était dans l'extase, l'assemblée était tout oreille, et, même lorsque vous avez cessé de parler, on écoutait encore et avec autant de curiosité que si votre excellence n'eût rien dit.

Mais avant de donner à chacune de vos explications le tribut d'éloges qu'elles méritent, je ne puis passer sous silence quelques petits faits qui se rattachent à la publication de la pétition dont il s'agit. Comme à cet égard je dois aussi des remercîmens à M. le comte de Cases, je prendrai la liberté de les consigner ici, bien persuadé qu'en qualité de collégue, votre excellence sera assez bonne pour communiquer à

M. de Cases ce qui, dans ma lettre, lui sera particulier.

En rédigeant ma pétition, je n'étais mû que par des sentimens de justice et d'humanité. Je croyais pouvoir exposer franchement la situation cruelle dans laquelle étaient arbitrairement plongés les détenus de Pierre-Châtel. Je croyais pouvoir me dispenser de faire à l'autorité les *complimens* d'usage ; pour obtenir justice, il me semblait qu'il n'y avait qu'à démontrer l'injustice, et je la mettais dans tout son jour. Remontant même aux causes de la condamnation de ces malheureux, je ne dissimulais pas qu'ils avaient pour la plupart été victimes de ces agens de police vulgairement appelés *moutons*, et qui, dans l'ordre de mépris qu'on accorde à ces instrumens du pouvoir, passent avant ce que la police offre de plus sale.

Enfin et par un mouvement de bienfaisance dont je croyais pouvoir attendre quelque soulagement pour des hommes privés de leur travail et sans autre ressource, je leur destinais le *produit de la vente de ma Pétition.*

Il est certain que si j'eusse réussi à faire entendre toutes ces plaintes et à faire passer dans l'opinion publique l'indignation que je ressentais, il en serait résulté un grand scandale et sur-tout une grande honte pour moi. C'est ce qu'a bien voulu m'épargner M. le comte de Cases, en défendant aux journaux de parler de ma brochure. A la vérité, et quand même cette défense n'eût point été faite, je n'aurais pas peut-être retiré de la vente tout ce que j'en desirais pour les condamnés les plus nécessiteux. Il y a long-temps que chacun se dit comme M. Jackson, *« qu'il est doux de faire du bien, surtout quand il n'en coûte rien ! »* et c'est probablement parce que M. de Cases doutait de l'empressement des Français généreux à venir au secours de quelques Français malheureux, qu'il a voulu m'enlever l'occasion de me fâcher contre l'humanité. Heureux le peuple gouverné par des ministres aussi compatissans ! Je ne puis dire combien je suis touché des attentions de M. le comte de Cases ; je le prie d'en agréer ici l'assurance la plus sincère. J'aurais bien écrit directement à son excellence, mais on n'est pas parfait, et le plus aimable caractère se fâche quelquefois. Je n'ai point oublié ce qui arriva à l'auteur de certaine lettre à M. de Cases, et j'aurais craint de l'entretenir dans un moment où il eût mal pris l'expression de ma gratitude (1).

Une autre circonstance qui n'est point étrangère à la démarche que j'ai faite, et qui me pénètre également de reconnaissance, c'est *l'arrestation momentanée* d'une lettre que m'avaient adressée les détenus de Pierre-Châtel, pour me prier de solliciter la justice

---

(1) La publication de ma Pétition n'a pu être *annoncée* que dans deux journaux et seulement lorsqu'elle a été remise à la chambre, parce qu'alors les rédacteurs peuvent se permettre d'en parler dans l'article de la séance. Mais le plus petit *extrait* n'a pu en être donné. — Quel a donc été le motif de la défense de la police? Est-ce parce que j'ai élevé la voix contre l'injustice et l'oppression? mais je n'ai dit que la vérité. — Est-ce parce que j'ai parlé de clémence (page 16 de ma Pétition)? mais je n'ai fait que citer Montesquieu, et c'est lui qu'il fallait défendre. D'ailleurs, je ne rapportais qu'un passage où il dit que les monarques gagnent beaucoup par la clémence, et personne ne sera tenté de trouver là une allusion. — Est-ce enfin parce que j'ai parlé avec irrévérence des *espions?* mais je n'ai encore fait que citer Montes-

qui leur était due. Une lettre vient en quatre jours de Pierre-Châtel ; on a bien voulu me remettre celle-là au bout d'un mois. Comme je ne sais à qui en adresser mes remercîmens, je crois que je peux, sans m'écarter de mon sujet, les placer ici. Voici ce qui s'est passé a l'occasion de cette lettre. J'étais informé de l'envoi qui m'en avait été fait par une lettre postérieure, et surpris de ne l'avoir point reçue, j'écrivis en ces termes à M. le directeur-général des postes :

---

quieu (car on ne saurait trop citer lorsque les citations sont bonnes), et d'ailleurs je n'ai pas rapporté tout ce qu'il en dit dans son chapitre 23, livre 12, Esprit des lois. Je n'ai pas copié ces deux premières lignes du même chapitre : « *Faut-il des espions dans la monarchie? CE N'EST PAS LA PRATIQUE ORDINAIRE DES BONS PRINCES.*» Je n'ai pas ajouté aux paroles qui se trouvent page 4 de ma pétition, celles-ci où Montesquieu dit : « *Un prince doit agir avec ses sujets avec candeur, avec franchise, avec confiance : CELUI QUI A TANT D'INQUIÉTUDES, DE SOUPÇONS ET DE CRAINTES, EST UN ACTEUR QUI EST EMBARRASSÉ A JOUER SON ROLE.*» — Quel a donc été le motif de la défense faite par la police?...

« Paris le 2 décembre 1817.

« Monsieur le directeur-général,

« Une lettre m'a été adressée, dans les pre-
« miers jours de novembre dernier, par les
« condamnés au bannissement détenus au
« fort de Pierre-Châtel, département de l'Ain;
« cette lettre a été mise à la poste à Belley,
« même département, et cependant elle ne
« m'est point parvenue. Qu'il me soit permis
« de m'en plaindre et de la réclamer.

« On m'assure que la police fait ouvrir la
« correspondance des personnes qui, à ses
« yeux, sont suspectes, et il n'est déjà que
« trop fâcheux de ne pouvoir s'y opposer, et
« de vivre sous l'empire de la charte sans
« pouvoir demander l'exécution de l'art. 187
« du Code pénal (1). Mais si la police poussait

____

(1) Art. 187 du Code pénal : « Toute suppression,
« toute ouverture de lettres confiées à la poste, com-
« mise ou facilitée par un fonctionnaire ou un agent

« l'abus de pouvoir jusqu'à retenir cette cor-
« respondance, je trouverais moins coupa-
« ble le douanier qui, sous prétexte de visite,
« se serait approprié mes malles ; du moins
« il n'aurait point violé ma pensée. Et si cela
« était, on ne saurait trop le publier afin de
« mettre en garde contre une telle inquisi-
« tion, ceux qui seraient tentés de confier
« leurs lettres à la poste royale.

« Les malheureux détenus à Pierre-Châ-
« tel me priaient de demander pour eux
« *justice* : serait-ce là le motif de la suppres-
« sion de leur lettre ?...

« Mais il y a probablement eu erreur. Je
« vous prie, monsieur le directeur-général,
« de vouloir bien la faire rechercher et de
« donner des ordres pour qu'elle me soit
« remise. »

« J'ai l'honneur d'être, etc. ».

« du gouvernement ou de l'administration des postes,
« sera punie d'une amende de 16 à 300 fr. Le coupable
« sera de plus interdit de toute fonction ou emploi
« public pendant cinq ans au moins et dix ans au
« plus. »

Telle fut donc ma réclamation au direc-
teur – général des postes. *Le surlendemain
je reçus ma lettre*, et le jour suivant
M. de Mezy me répondit que sans doute on
m'avait mal informé, que si elle eût été mise
à la poste à Belley comme je le lui avais
écrit, elle m'eût été apportée ; que peut-être
cela tenait *au régime des prisons , etc....* Le fait
est que j'ai réclamé cette lettre, qu'elle m'a
été remise deux jours après avec un timbre
(*Bourg en Bresse*) qui n'était pas celui *de
Belley*, et sans le cachet royal ordinaire de
la prison de Pierre-Châtel. Je ne dis pas que
c'est la police qui me l'a envoyée ; je raconte
seulement la chose telle qu'elle s'est passée ,
et je ne veux que remercier la main chari-
table par qui ma lettre m'a été rendue. Je le
répète, je ne parle pas de la police, et je suis
aise de prouver aux personnes qui croient
que la police lit et retient la correspondance,
qu'il n'en est rien.

Je reviens à vous, monsieur le Comte, à
votre discours, et malgré le profond sentiment
d'estime qu'il m'a inspiré, je crains, en
abordant une chose aussi délicate que peut
l'être l'apologie de ce morceau brillant d'élo-

quence et de raison, je crains, dis-je, de rester au-dessous de l'expression qu'il mérite.

Premièrement, monsieur le Comte, vous avez dit que *vous n'eussiez pas attendu la demande du député qui vous avait précédé à la tribune, pour donner des explications....* J'en suis bien convaincu, et ce n'est qu'avec un sourire de pitié que j'ai entendu dire à côté de moi que vous aviez refusé ces renseignemens à la commission des pétitions. Votre sincérité a été mise en doute par tout le monde; je m'estime heureux de vous avoir rendu justice.

Je voudrais qu'il me fût possible de faire ressortir, dans tout son éclat, le début de votre discours (1) : « *On doit s'étonner, en* « *effet, de voir que des hommes condamnés* « *au bannissement ne soient pas bannis...* »

---

(1) Afin qu'on ne doute pas que je ne rapporte fidèlement les paroles de M. Lainé, on peut consulter les journaux du 7 décembre 1817 : aucun d'eux n'a copié le discours en entier ; mais tous en ont donné telle ou telle phrase. La *Quotidienne* y a même

Quelle vérité! quelle simplicité! Oh! oui, monsieur le Comte, tout le monde s'en étonnait, mais tout le monde n'en savait pas la raison ; les plus entêtés se récriaient contre la peine plus forte (la réclusion) qu'on infligeait aux condamnés au *bannissement;* ils disaient que le bannissement est la liberté hors des frontières, qu'en pays étranger ces malheureux pourraient vivre de leur travail , etc.; enfin ils trouvaient l'art. 4 de l'ordonnance du 2 avril *rendue sur le rapport de votre excellence,* de la plus monstrueuse injustice.

Mais qu'ils ont changé de pensée quand ils ont entendu de votre bouche ces mots si convaincans et d'un sens si clair: *Une puissance voisine a d'abord refusé de recevoir les bannis; ils furent dirigés sur une autre frontière.....: des difficultés se rencontrèrent encore.....; alors une négociation s'ouvrit avec les puissances étrangères....; mais les difficultés*

---

ajouté un témoignage gracieux que je ne veux point laisser ignorer à S. Ex. ; la *Quotidienne* a dit que l'assemblée avait témoigné sa satisfaction (lorsque le ministre a cessé de parler) par un *murmure flatteur....*

se multiplièrent..... Cependant quelques-uns trouvèrent encore un refuge à l'étranger.....; mais les difficultés se multiplièrent — (car vous l'avez dit deux fois, monsieur le comte, et vous avez bien fait) .....! *Alors on ordonna aux préfets de les diriger sur le fort de Pierre-Châtel!* Il n'est aucun des auditeurs qui ne se soit rendu à la solidité de ces motifs; seulement un épilogueur qui se trouvait près de moi disait : « Voilà des explications qui ressemblent à la pièce qui n'en est pas une. De quelle négociation parle-t-on? où en est la preuve? Si, malgré les difficultés, plusieurs ont trouvé un refuge à l'étranger, pourquoi ceux qui sont à Pierre-Châtel n'auraient-ils pas eu le même bonheur? Pourquoi les a-t-on fait conduire à Pierre-Châtel sans attendre le résultat des démarches qu'ils faisaient auprès des gouvernemens étrangers (1) »? Vous pensez-bien, monsieur le comte, que je n'ai pas jugé convenable de répondre à ces questions. J'ai haussé les épaules et j'ai écouté votre excellence.

---

(1) *Voyez* ma Pétition, page 11.

Mais les argumens de ce maudit raisonneur ont redoublé lorsque vous avez dit que *ces hommes avaient été détenus par* ANALOGIE , *que puisque la loi accordait au gouvernement la faculté de retenir les jeunes gens qui, avant l'âge de seize ans, étaient condamnés au bannissement, il vous avait paru naturel d'user du même droit envers les individus âgés de plus de seize ans .....»* Ce hargneux a soutenu que c'était dire noir quand la loi disait blanc ; que, loin d'être au cachot, les enfans ainsi détenus sont mis dans une maison de *correction* (art. 67 du Code pénal), et que la ils peuvent travailler selon leur choix (art. 40 du même Code), que vous iriez où vous voudriez *par analogie* , et qu'il n'y avait pas de raison pour qu'on ne fût pas pendu *par analogie ;* enfin il a dit qu'il allait s'occuper de rédiger un chapitre supplémentaire au Code pénal, lequel serait intitulé *des peines par analogie* , et qu'il le dédierait à votre excellence. J'espère, monsieur le Comte, qu'on fera justice d'un tel homme.

N'a-t-il pas voulu tourner en ridicule la phrase éloquente où vous établissiez *qu'on ne pouvait pas rendre ces condamnés à la so-*

ciété? « C'est ce qu'ils demandent , s'est - il écrié. Ils desirent que vous les bannissiez ; ils supplient votre excellence d'avoir la bonté de les chasser ; ils invoquent comme une grâce la peine à laquelle ils sont condamnés. Mais ils trouvent que votre excellence pousse trop loin l'attention , en aggravant cette peine... » Il allait continuer, quand je l'ai interrompu et l'ai supplié de me laisser entendre ce que disait votre excellence.

Mais quand vous avez parlé, monsieur le Comte, de la manière dont les détenus de Pierre-Châtel sont traités , lorsque vous avez prononcé ces paroles remarquables : « *Il existe sur les bords du Rhône une* ROCHE ESCAR-PÉE *sur le sommet de laquelle se trouve une ancienne Chartreuse* (1) *dont on a fait un fort; c'est là qu'ils sont avec la garnison du fort; c'est là qu'ils ont la jouissance d'un* GRAND PARC... » Monsieur le Comte, à ces mots, notre homme a éclaté; il a pouffé de

---

(1) « Son Ex. aurait pu dire aussi une ancienne *«prison d'état de Buonaparte.* » (Journal du commerce du 7 décembre 1817.)

rire, et il m'a été impossible de l'empêcher de débiter de fort mauvaises plaisanteries.

« *Un parc, a-t-il dit; un grand parc sur le sommet d'une roche escarpée!* Parbleu cela est curieux. Demain je prends la poste et j'y cours.. Ce sont de grands gueux s'ils se plaignent d'habiter une magnifique maison de campagne , *sur la pointe d'une roche escarpée....* Cependant, a-t-il ajouté, *Son excellence ne prouve pas que, loin d'avoir un parc, ils n'aient pas même la jouissance du fort; qu'ils ne soient point dans de véritables cachots jusqu'où l'on ne parvient qu'àprès avoir franchi cinq portes , lesquels cachots sont visités la nuit comme ceux de la conciergerie à Paris....* Son excellence ne prouve pas que, loin d'avoir un parc et d'étre traités comme la garnison du fort, ils ne soient point sous les verrous depuis quatre heures du soir jusqu'à neuf heures du matin, heure à laquelle ils peuvent jouir d'un corridor et d'une espèce de cour, si l'on peut donner ce nom à l'espace qu'entourent les bâtimens de la prison. Son excellence ne prouve pas, enfin, qu'ils ne soient point couchés sur la paille, et qu'ils aient d'autre nourriture que des

*alimens qui rappellent les naufragés de la
Méduse, alimens qui leur sont délivrés d'après
les réglemens du ministre de l'intérieur.* SON
EXCELLENCE CRAINDRAIT-ELLE DE REVE-
NIR SUR SES PROPRES ARRÊTÉS? . . . . .

. . .. ' . . . . .

Pour moi, monsieur le Comte, très satis-
fait des explications de votre excellence, je
me suis empressé d'en écrire aux détenus
de Pierre-Châtel, et de leur témoigner mon
mécontentement de la démarche que leurs
plaintes m'avaient fait faire. Interprétant les
paroles de votre excellence, comme j'ai cru
qu'elles devaient l'être, je leur ai dit dans un
mouvement d'indignation fort naturel en
pareil cas :

Misérables ! il vous sied bien d'étourdir de
vos cris la chambre des députés, de vouloir
taxer le gouvernement d'injustice ? Quoi !
vous proférez dés cris séditieux, vous fabri-
quez des drapeaux tricolores, en un mot,
vous donnez dans le piége des agens de la
police ; vous méritez le dernier supplice, et
cependant on vous applique la peine modique
du bannissement, et cependant on veut encore
alléger ce châtiment déjà trop doux, et vous

ne voyez pas avec reconnaissance que le gouvernement craint pour vous l'air libre que vous pourriez respirer hors des frontières;

Tombez à genoux , malheureux , prosternez-vous et mourez , s'il se peut, de respect et d'amour , pour un gouvernement aussi libéral....

Voilà , monsieur le Comte , ce que je me suis permis d'écrire aux détenus , et j'ai cru répéter vos paroles.

Eh bien ! je suis sûr que votre excellence ne s'attend pas à la réponse que le raisonneur dont j'ai déjà parlé et qui me poursuit partout, m'a dictée pour l'un deux; la voici :

« J'ai de la reconnaissance pour le député qui a demandé justice en notre nom , et que notre cruelle position a pu intéresser. (1)

« J'en suis exempt pour ceux de ses collègues qui auraient pu, après M. Lainé, monter à la tribune et réfuter les raisons de Son excellence avec d'autant plus de succès qu'elles étaient marquées au coin de la faiblesse et de la nullité qui accompagnent tou-

____

(1) M. D'Argenson.

jours le défenseur d'une mauvaise cause. Pourtant ces députés sont excusables ; lorsque tant de malheureux élèvent la voix, on ne sait auquel entendre (1).

Et voilà, monsieur le Comte, la réponse que l'on dicte à ce prisonnier! j'en demande pardon à votre excellence. Il faut qu'on ait mal

---

(1) Dans la discussion sur la liberté de la presse, dans cette lutte du pouvoir contre l'opinion générale, M. de Chauvelin a dit que si les journaux étaient libres, ils feraient arriver au gouvernement l'expression des douleurs publiques... « *Peut-être alors, aajouté cet orateur, une négociation plus hâtive et plus utilement conduite aurait-elle déjà délivré de l'étrange et illégale commutation de peine qu'ils subissent, des malheureux condamnés au bannissement, dont vous avez entendu naguère les plaintes.* » Je me fais un devoir de transcrire ici cette phrase de M. DE CHAUVELIN , non-seulement parce que je trouve l'occasion d'exprimer ma reconnaissance pour la justice qu'il rend aux condamnés au bannissement; mais encore parce que je me trouve heureux de pouvoir joindre mes félicitations à celles de tous les bons Français, pour l'opinion qu'il a émise en faveur de la liberté de la presse, opinion où il s'est montré, censeur éclairé des turpitudes ministérielles et véritable représentant de la nation. J'en demande

compris ses paroles ; je me dispose à les répéter jusqu'à ce qu'on les entende.

Mais quelle que soit la position des condamnés au bannissement détenus à Pierre-Châtel, ils n'en seront pas moins forcés de rendre justice à votre excellence, et de reconnaître que, comme vous l'avez dit à la tribune, vous avez fait à leur égard pour le mieux. Et lorsqu'ils pourront apercevoir, dans la perspective, le

---

bien pardon à M. *Courvoisier*,(*) dont j'admire le talent et l'éloquence rares, et qui a parlé pendant deux heures avec une intrépidité remarquable en faveur du projet des ministres ; mais je ne pense pas que, comme il l'a dit, il fût indispensable d'être *jurisconsulte* pour discuter la liberté de la presse ; je crois, au contraire, moi qui ne suis pas même bachelier en droit, que, pour combattre l'opinion de M. Courvoisier, il ne fallait que le sentiment des droits du peuple, que le sentiment de la liberté.

(*) Procureur général de la cour royale de Besançon, député du département du Doubs. C'est ce même M. Courvoisier qui, dans la séance du 16 décembre 1817, a dit à la tribune: *que nous étions libres autant que nous pouvions l'être, que nous étions plus libres que les Anglais, qu'enfin il y avait plutôt à* RETRAN-CHER *de notre liberté qu'à y ajouter...*

grand parc que votre excellence a fait tracer sur la pointe d'une roche escarpée ; lorsqu'ils pourront oublier et leurs cachots et leurs fers ; lorsqu'enfin ils pourront se persuader que les soixante-quinze décagrammes de pain et de soupe accordés par l'arrêté de votre excellence, mais qu'on n'offrirait pas par-tout à un animal domestique, suffisent presque pour ne pas mourir d'inanition ; ils ne manqueront pas de s'écrier avec l'accent de la plus vive reconnaissance : « *Un grand homme est par-tout où se répand sa gloire.* »

Ch.-Ph. MARCHAND.

Post-Scriptum AUX LECTEURS.

Si l'on me reprochait de ne point assez ménager la bonté de Son excellence, et de m'exposer à aigrir un ministre contre des malheureux qui le sont déjà trop, je répondrais que sans doute cette crainte m'eût arrêté, s'il était possible d'aggraver leur sort.

www.ingramcontent.com/pod-product-compliance
Lightning Source LLC
Chambersburg PA
CBHW061714050726
47598CB00004B/1831